AF299499

FÊTE

DES

FABRICANTS ET MARCHANDS DE VINAIGRE

de la Ville et des environs d'Orléans

20 AOUT 1888

ORLÉANS

IMPRIMERIE PAUL GIRARDOT

30, RUE LOUIS-ROGUET, 30

1889

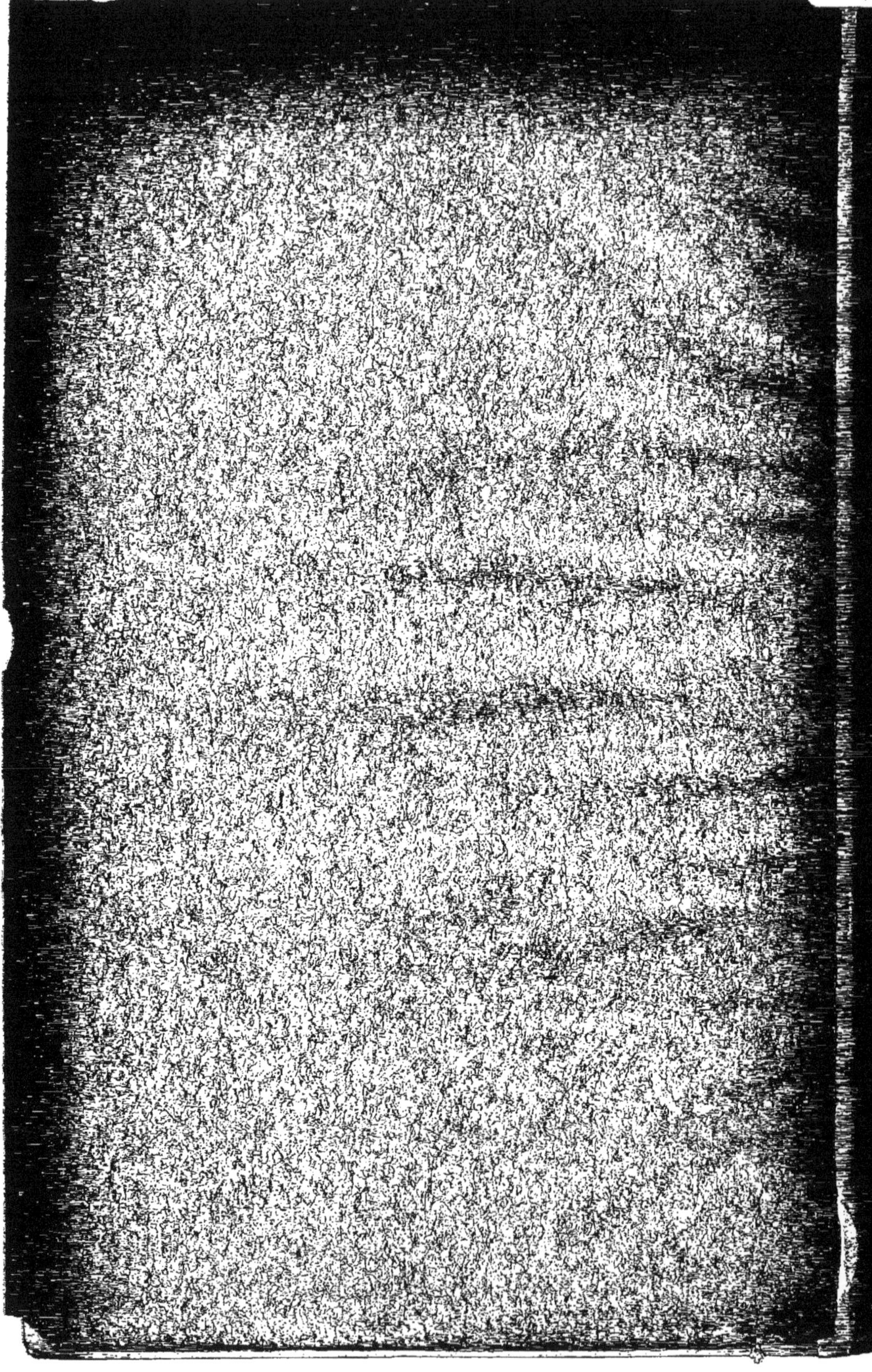

FÊTE

DES

FABRICANTS ET MARCHANDS DE VINAIGRE

de la Ville et des environs d'Orléans

20 AOUT 1888

MESSIEURS ET CHERS CONFRÈRES,

Le Bureau de votre Confrérie n'a nullement l'intention d'innover, ni le désir de créer un précédent, en vous offrant cette petite brochure.

Mais il a pensé être agréable à ceux de MM. les Membres qui n'ont point assisté à la cérémonie religieuse, en leur communiquant le très intéressant et très éloquent discours prononcé à cette occasion par l'éminent orateur, M. l'abbé Gibier, curé de Saint-Paterne.

Sa Grandeur Monseigneur l'Évêque d'Orléans, avec sa bonne grâce habituelle, avait bien voulu accueillir notre demande, en présidant les offices du soir. Sa présence avait attiré une affluence considérable dans la belle église de Saint-Paterne, qui se trouvait être trop petite ce jour-là.

Au salut, un de nos très aimables confrères, M. H. D., qui s'était mis obligeamment à notre disposition, a détaillé, de sa jolie voix de basse chantante, plusieurs morceaux liturgiques d'un fort bel effet.

En résumé, très belle fête de famille à laquelle tout le monde a pu ou pouvait participer.

A l'issue de la cérémonie, Monseigneur Coullié avait bien voulu recevoir, dans le salon de M. le Curé de Saint-Paterne, ceux de MM. les Membres de la Confrérie qui étaient présents.

Devenu Orléanais depuis longtemps déjà, notre Évêque nous a très agréablement laissé comprendre, dans une charmante conversation générale, qu'il connaissait aussi bien que beaucoup d'entre nous, le fort et le faible de la grande industrie à laquelle nous appartenons.

Sa Grandeur a finalement souhaité pour elle, continuation de prospérité et d'honneur, récompense légitime du travail et d'efforts persévérants.

Le matin, dans le même salon de M. le Curé de Saint-Paterne, il avait été procédé, selon l'usage, à l'élection d'un Adjoint au Proviseur, pour l'année courante 1888-89.

M. Goy, de la Maison de Monvel & Goy, avait été élu à l'unanimité des membres présents.

Le soir, à sept heures, banquet très nombreux servi par Rigault, dans les salons de l'Institut, décorés à cet effet.

Au dessert, le Proviseur, pour l'année courante, a lu un petit speech très sympathiquement accueilli parce qu'il insistait particulièrement sur l'utilité de ces réunions, qui contribuent si puissamment à resserrer les liens de bonne confraternité commerciale et industrielle de la grande famille orléanaise.

La réunion s'est séparée à une heure assez avancée de la nuit, en se donnant rendez-vous pour l'année 1889.

Le Syndic : Séjourné aîné.
Le Proviseur sortant : Ém. Colliot.
Le Proviseur en exercice : J. Loison.
Le premier Adjoint : C. Robert.
Le deuxième Adjoint : L. Goy.

« *Extrait du Registre de la Confrérie des Marchands*
« *Fabricants de vinaigre de la Ville et des Faubourgs*
« *d'Orléans.*

1806

« La Confrérie a été relevée en l'année mil huit cent-six, par
« Messieurs Charles Grégoire et Laurent Leroy.

« La fête a pour titre l'Assomption de la Sainte-Vierge. — Elle est
« célébrée dans l'Église succursale de Saint-Donatien, par les Confrères,
« le lundi suivant l'Assomption.

« Le jour de la fête, le Saint-Sacrement est exposé toute la journée.

« — La Grand'Messe à dix heures.

« A quatre heures les Vêpres, le Salut ensuite.

« Il se fait à la suite du Salut, avant la bénédiction du Saint-Sacrement
« une procession solennelle avec le Grand Dais, dans l'intérieur de
« l'église.

« Tous les confrères suivent avec chacun un flambeau.

« Avant la bénédiction on chante un *Te Deum*.

« Le lendemain, à dix heures, il y a dans la même église un service
chanté pour tous les confrères défunts. »

SYNDICS

MM. Laurent Leroy. . . . . 22 août 1806
     Liébon. . . . . 16 — 1819
     Bourdon Percheron. . . . . 16 — 1841
     Séjourné père . . . . 16 — 1852
     Ploton-Moulin. . . . . 21 — 1854
     Ricouard-Badinier . . . . 19 — 1861
     Séjourné aîné . . . . 21 — 1871

PROVISEURS

1806	MM. Grégoire (Charles).	1811	Barué-Dumont.
1807	Leroy (Laurent).	1812	Desnous.
1808	Liébon-Lainé.	1813	Ligneau (J.-B.)
1809	Vivant.	1814	Vigoureux.
1810	Hudebine.	1815	Séjourné-Petit.

1816 MM. Courtin-Breton.	1852 MM. Laurent Tranchault.
1817 Perdoux-Bourdon.	1853 Dutrop-Besançon.
1818 Courtin-Duveau.	1854 Laugère père.
1819 Ligneau-Larousse.	1855 Alliot.
1820 Bénard-Moulin.	1856 Delaunay-Huot.
A partir de 1821, la fête a lieu à Saint-Paterne.	1857 Bézard-Richard.
	1858 Foulon-Lebeaume.
1821 Courtin-Dubois.	1859 Masson-Lejeune.
1822 Dumont-Barué.	1860 Jeulin-Blot.
1823 Châtel-Fontaine.	1861 Plotard.
1824 Ploton-Pisseau (Fçois).	1862 Millet.
1825 Moulin-Forgeron.	1863 Audy-Grimaux.
1826 Lary-Lefêvre.	1864 Léveillé-Bourdon.
1827 Banchereau-Brochet.	1865 Barué-Besnard fils.
1828 Châtel-Freton.	1866 Séjourné aîné.
1829 Bourdon-Percheron.	1867 Brouard-Legros.
1830 Hatton-Garnaud.	1868 Courtin-Raoult.
1831 Legrand-Hudeline.	1869 Siroux-Sevin.
1832 Dutrop-Bénard.	1870 Debret-Jonquet.
1833 Séjourné aîné.	1871 id.
1834 Baudrand.	1872 Barthélemy-Pouet.
1835 Ligneau-Bussière.	1873 Bracquemond-Leroy.
1836 Dessaux.	1874 Pilboue-Daubron.
1837 Brugère-Landré.	1875 Grivet-Courtin.
1838 Levassor-Thuillier.	1876 Niaf-Ploton.
1839 Vincent-Cimetière.	1877 Piau-Bailly.
1840 Ploton-Moulin.	1878 Chaline-Thiercelin.
1841 Perdereau-Perrot.	1879 Sauger-Depussay.
1842 Menault-Dramard.	1880 Blot-Barberon.
1843 Grison-Rochebouet.	1881 Chapuis (V.)
1844 Asselineau-Chauveau.	1882 Besnard-Villette.
1845 Ploton-Raynaud.	1883 Bardin (E.)
1846 Barué-Rogier.	1884 Courtin-Rossignol.
1847 Dubois.	1885 Hébert (G.)
1848 Larousse-Ligneau.	1886 Wilmart-Rabourdin,
1849 Ricouard-Badinier.	1887 Colliot (Emile)
1850 Ploton jeune.	1888 Loison (J.)
1851 Baruet-Dumont.	

DISCOURS

PRONONCÉ

PAR M. L'ABBÉ GIBIER

CURÉ DE SAINT-PATERNE

MONSEIGNEUR,

Ceux qui ont étudié, dans les manuscrits les plus anciens et les plus authentiques, l'histoire de notre Ville, du xvᵉ au xixᵉ siècle, nous montrent les Évêques d'Orléans étendant leur sollicitude pastorale sur les pieuses associations, qui s'appelaient alors *Corporations* et *Confréries de Métiers* (1). De temps immémorial, nous voyons vos Prédécesseurs incessamment préoccupés de la prospérité et du bon gouvernement des corporations. Ils les érigent eux-mêmes, ou ils en approuvent les règlements ; et, quand la confrérie existe, ils la contrôlent et la visitent ; ils préviennent, ou déracinent les abus. Nos vieux statuts synodaux sont parsemés de conseils et de prohibitions se rapportant à ce sujet. De temps en temps, nos antiques confréries étaient tentées d'oublier le but religieux qui les avait inspirées ; et les réjouissances matérielles de la fête patronale dépassaient les limites du plaisir permis ; mais nos Évêques veillaient, et, par des défenses réitérées, ils éliminaient de ces institutions chrétiennes l'intempérance et le scandale. En 1701, un conflit éclate entre la confrérie des vitriers et celle des

---

(1) Léon GAUTIER, *Histoire des Corporations ouvrières.* — L'abbé Th. COCHARD, *Les confréries des communautés d'arts et métiers d'Orléans.*

vinaigriers ; l'Évêque d'Orléans intervient par son official et rétablit la paix un instant menacée. Nos confréries étaient jadis une véritable puissance ; elles avaient leur chapelle et leurs offices particuliers ; et, si on les eût laissé faire, elles eussent volontiers entamé l'unité paroissiale et créé une petite paroisse dans la grande. Que font les Évêques d'Orléans ? Ils proclament obligatoire l'assistance aux offices de la paroisse. En 1590, l'évêque Jean de l'Aubespine statue qu'aux messes de confréries il ne se fera point d'eau bénite, — que, le dimanche, ces messes ne seront que des messes basses et que les confrères qui y auront assisté ne laisseront pas d'aller à la messe paroissiale. Un siècle plus tard, un autre évêque d'Orléans, Nicolas de Netz, renouvelle toutes ces dispositions, et déclare interdit tout ce qui dans les confréries détourne de la messe et des offices de la paroisse. Tous ces faits, et beaucoup d'autres que je pourrais citer, prouvent jusqu'à l'évidence que nos Évêques d'Orléans ont donné de tout temps aux confréries de métiers une large part de leur sollicitude pastorale (1). Vous continuez, Monseigneur, cette vénérable tradition ; et, en vous voyant honorer de votre présence la fête patronale des Fabricants-Vinaigriers, j'éprouve le besoin de vous adresser, en mon nom et au nom d'une puissante corporation, l'expression de notre commune et respectueuse reconnaissance.

Messieurs,

Dans la longue suite des espaces franchis, notre berceau reste la place la plus rayonnante, la plus vénérée, la plus aimée, parce que c'est la plus féconde où nos pieds se soient jamais arrêtés. Aussi, à mesure que nous avançons dans la vie, nous aimons à nous rappeler nos premières

(1) Cf. *Les Confréries de métiers d'Orléans*, par l'abbé Cochard.

tristesses ; plus le fleuve nous emporte, plus nous sommes heureux de remonter à sa source... Messieurs, voilà trois siècles que vous existez ; voilà trois siècles que votre confrérie poursuit dans la bonne ville d'Orléans, ses pacifiques destinées. Ne trouvez-vous pas qu'il est utile, qu'il est bon de revenir à vos origines, au berceau même de votre association ? J'ai cru que ce retour sur vous-mêmes, que cet examen de votre passé ne vous déplairait pas et vous serait peut-être profitable ; et voilà pourquoi je vais essayer de vous raconter la naissance et de vous esquisser la physionomie des anciennes corporations. Je vous dirai ce que vous avez été autrefois, et, en terminant, je prendrai la liberté de vous signaler quelques conclusions pratiques qui trouveront, j'en suis sûr, le chemin de vos cœurs, parce que vos cœurs sont bons et disposés à accueillir tout ce qui est bon.

I

Il n'est pas bon que l'homme soit seul : telle est la grande et féconde parole que Dieu a jetée sur le berceau du monde. Non, Dieu n'a pas voulu que l'homme fût seul, parce que la solitude c'est la faiblesse, c'est la stérilité, c'est l'impuissance, c'est l'égoïsme. Il n'était pas bon que l'homme ressemblât à ce grain de poussière que le pied heurte et chasse devant lui sur une route, à la feuille séchée que le vent emporte et ramène à son gré. Dieu a donc d'abord créé la Famille, cette douce chose... puis la Patrie, société plus large et non moins belle..., et enfin, couronnant ses œuvres, Dieu a fait l'Église, société la plus vaste et la plus élevée de toutes, la société de tous les hommes avec Lui.

Mais en dehors de ce triple lien de la Famille, de la Patrie et de la Religion, les hommes ont senti le besoin de s'associer entre eux par des liens plus nombreux et plus particuliers. Le savant a mis la main dans la main du savant, et on a vu naître des sociétés scientifiques, qui, en accumulant la lumière, ont décuplé les résultats. L'ouvrier, lui aussi, a mis la main dans la main du maître et ils se sont dit : Unissons-nous par une assistance mutuelle contre nos ennemis communs, c'est-à-dire contre les forces fatales qui tyrannisent la vie humaine, contre la souffrance, contre la vieillesse, contre la maladie, contre la mort, et alors on a vu naître des sociétés ouvrières, qui, sans faire disparaître le travail et la douleur, ont su cependant en adoucir les rigueurs et en tempérer l'amertume. Enfin, les hommes du même métier se sont rencontrés à leur tour, ils ont mis en commun leur adresse, leurs labeurs, leur habileté professionnelle et leur foi religieuse, et l'on a vu surgir, dans l'ancienne France, les corporations et les confréries, arbre immense dont les multiples rameaux remplissent plusieurs siècles de notre histoire nationale.

Vous savez comment et à quelle époque a eu lieu cette magnifique efflorescence des associations corporatives. Dieu avait dit à l'origine des choses : Il n'est pas bon que l'homme soit seul ! Puis il avait mis sur les lèvres inspirées du Roi-Prophète le cri de la fraternité humaine : Oh ! qu'il bon, qu'il est doux pour des frères d'habiter ensemble : *quam bonum et quam jucundum...* Enfin, soulignant et complétant ces premières affirmations, il avait dit dans l'Évangile : Quand vous serez plusieurs réunis en mon nom, je serai au milieu de vous ! » Les hommes lurent ces textes, à moitié écrits déjà dans leur conscience, ils les comprirent, et ils décidèrent de s'associer. D'ailleurs, l'Église catholique était là pour les diriger et les encourager. Le monde païen était fondé sur l'esclavage. Que fait l'Église ? Elle renverse cette infamie. Elle réhabilite les esclaves ; elle fonde le monde nouveau sur la liberté, en jetant à tous les vents, en prêchant dans toutes les chaires, en faisant pénétrer dans toutes les classes le grand dogme de l'égalité des hommes devant Dieu. Quand Rome est définitivement ensevelie, quand la poussière des invasions est tombée, l'Église arrive.

Elle voit tout par terre, elle se met à l'œuvre pour tout rebâtir. Elle commence par former des travailleurs, puis elle les groupe par métiers, elle les partage en corporations. De plus, elle habitue les hommes de la même profession à se considérer comme les fils d'un même Dieu et les protégés d'un même patron. La liste des patrons est déjà close dès le Xe siècle ; et, au XIIIe siècle, nous voyons les corporations se presser autour de leurs bannières et descendre sur la place publique. Voilà leur naissance ; elles sont nées d'un besoin de la nature humaine, d'une parole de Jésus-Christ, du souffle vivifiant de l'Église catholique.

Étudions brièvement leur physionomie.

II

Ces grandes institutions se détachent d'une façon originale sur le tableau de l'ancien régime. Ce sont de véritables puissances avec lesquelles comptent les rois ; elles se mêlent intimement à la vie nationale et y tiennent une place considérable. C'est le travail organisé chrétiennement. Si nous les regardons par le dehors, nous y voyons quatre classes harmonieusement étagées l'une au-dessus de l'autre : les apprentis, les compagnons, les maîtres et les jurés. Je ne veux pas étudier ici ce vaste et puissant organisme des corporations ; qu'il me suffise de vous dire qu'il a duré cinq cents ans, qu'il a survécu à plusieurs dynasties et aux guerres les plus colossales ; et qu'aujourd'hui, de grands économistes, effrayés des dangers de la liberté commerciale, se demandent si ce ne serait pas un bien de faire sortir le régime corporatif du sépulcre où il dort depuis un siècle. Déjà des efforts ont été tentés dans ce sens ; et les *syndicats professionnels,* qui surgissent partout, que sont-ils, sinon un retour à l'ancienne organisation du travail et comme une renaissance de nos vieilles corporations ? Mais ce n'est pas la charpente, c'est l'âme des corporations que je veux reconstituer aujourd'hui devant vos yeux. Or, l'âme de la corporation, c'est la confrérie. La confrérie représente l'élément religieux de la corporation. Oh! nos belles confréries corporatives, qui ont abrité et consolé nos pères... laissez-moi vous les raconter et les faire palpiter sous vos regards !

Je commence par un détail vulgaire et pourtant capital. Elles ont un *budget*. Elles vivent depuis saint Louis jusqu'à Louis XVI sans rien emprunter à personne. Elles administrent elles-mêmes leurs petites finances et ne s'en trouvent pas plus mal. Leurs ressources financières sont la cotisation annuelle des maîtres — une partie de l'argent versé par les apprentis — une partie des amendes — certaines redevances en nature, par exemple, le pain bénit que chacun devait rendre à son tour. Les confréries ont le nerf de la guerre, l'argent.

Elles ont un *lieu de réunion*; c'est une chapelle spéciale, et le plus souvent, l'église paroissiale. Au XVIIIe siècle, dans notre ville d'Orléans, les églises paroissiales étaient le siège de soixante-trois confréries, et une dizaine se réunissaient dans des chapelles particulières. De plus, les membres de la même corporation aimaient à se grouper les uns contre les autres. Ils habitaient souvent les mêmes quartiers, autour du même sanctuaire. Et puis, on avait une certaine fierté à l'endroit de sa confrérie; on la parait volontiers, on la faisait belle. Les orfèvres n'entendaient pas que les tapissiers eussent une plus riche chapelle que celle de Saint-Éloi. Heureuses et pacifiques rivalités auxquelles nous devons quelques chefs-d'œuvre, et qui n'ont jamais fait couler ni le sang chrétien ni le sang français ! Voilà donc les confréries doublement puissantes; elles ont un budget, elles ont un lieu de réunion. Les voilà debout.

Elles ont *des chefs* pour les conduire, et *un patron* pour les protéger. A leur tête sont des administrateurs : deux proviseurs, un syndic et enfin le *roi du bâton*, à qui revenait l'honneur de porter, les jours de fêtes, le bâton du saint patron de la confrérie... Chaque corps de métier a son patron. Les charpentiers et tous ceux qui travaillent le bois choisissent saint Joseph. Les serruriers, les orfèvres, tous ceux qui sont penchés sur les métaux, se mettent joyeusement en marche sous la bannière de saint Éloi. Saint Cosme et saint Damien, médecins, sont les modèles de tous ceux qui se proposent à la guérison de nos corps. Saint Maurice et saint Georges sont les patrons de ceux qui versent leur sang pour la patrie terrestre, en attendant cette autre patrie qu'on doit conquérir, mais qu'on n'aura pas à défendre. Saint Luc est le modèle des écrivains enlumineurs et des peintres vitriers et verriers. Les charrons choisissent sainte Catherine, parce que cette vierge fut suppliciée sur une roue; les ouvriers en laines, cardeurs et peigneurs, saint Blaise, parce que cet évêque arménien eut le corps déchiré par des peignes de fer; les bouchers et les corroyeurs, saint Barthélemy parce qu'il fut écorché vif, etc..., assez souvent, c'est une idée toute symbolique qui explique le choix du patron. Ainsi les parfumeurs, gantiers et merciers ont pris pour patronne sainte Marie-Madeleine, parce que la pécheresse répandit un vase plein de parfums aux pieds du Sauveur; et les vinaigriers, la sainte Vierge, considérée dans un de ses mystères glorieux, parce que le vinaigre avait joué un rôle dans un des mystères souffrants de son divin Fils. Vous reconnaissez là le moyen âge dans son amour pour l'antithèse et le symbolisme... L'image des patrons était peinte sur les bannières des confréries; et ces chères bannières marchaient à la tête des corporations en toutes les occasions solennelles. Elles apparaissaient dans les circonstances les plus émouvantes de la vie nationale, et principalement dans les grandes manifestations de la vie religieuse, par exemple, dans les processions, elles servaient d'escorte populaire à la divine Eucharistie.

Déjà, Messieurs, vous voyez se dessiner à vos regards la physionomie des anciennes confréries. Elles ont un budget, elles ont un lieu de réunion; elles ont des chefs qui les gouvernent et un patron qui les protège. Vous l'avez deviné. L'esprit chrétien et la fraternité qui en découle, voilà le fond des anciennes corporations et comme la substance même de leur être.

III

La corporation foncièrement chrétienne se proposait, par la confrérie, d'entretenir et de développer parmi ses membres les croyances et les habitudes religieuses. Il y avait, d'abord, la fête patronale que l'on célébrait, tous les ans, avec une pompe extraordinaire; et, le lendemain de cette fête, la corporation assistait encore à une messe de *Requiem* pour les âmes de tous les membres défunts. Plusieurs communautés, comme celle des orfèvres, faisaient chanter une messe du Saint-Esprit, l'un des jours qui précédaient l'élection des nouveaux administrateurs... Certains corps de métiers étaient plus dévots. Les bonnetiers faisaient dire une messe basse tous les premiers dimanches de chaque mois. Au XIVᵉ siècle, les notaires assistaient à une messe qu'ils avaient établie pour le roi, la reine et les confrères. Ils entendaient les vêpres de la Sainte Vierge le vendredi soir, et la messe de Notre-Dame le samedi matin. C'était aussi l'usage d'assister aux enterrements des membres de la confrérie, ou tout au moins d'y envoyer une députation nombreuse. Au moyen âge, cette coutume s'étendait aux baptêmes et aux noces. Ce n'est pas nous qui condamnons la très joyeuse et très utile multiplication de ces fêtes. Ils ne sont pas chrétiens, ceux qui ne savent pas le christianisme joyeux.

Mais au-dessus de toutes ces dévotions, il faut placer la sanctification du dimanche. Le repos dominical était de rigueur dans les corporations. En ce temps-là, ce n'étaient pas les nations protestantes qui passaient pour observer le mieux le grand précepte du septième jour. En ce temps-là, les villes catholiques présentaient, le dimanche, un beau spectacle : les boutiques étaient fermées, les églises étaient pleines. Le corps et l'âme se reposaient, et la joie brillait dans tous les yeux. En ce temps-là, l'ouvrier ne travaillait pas le dimanche pour s'abrutir le lundi. Il avait la messe dominicale, la prière à l'église, la prédication, le chant... le repos et la sanctification. Oh ! Messieurs, qui nous rendra ces beaux dimanches d'autrefois? On parle beaucoup de fraternité aujourd'hui... la meilleure leçon de fraternité, on vient la chercher à l'église, dans la fusion de toutes les classes et de toutes les âmes, sous le regard du même Dieu !

Et, en effet, nos anciennes corporations, en même temps qu'elles sont tout imprégnées d'esprit chrétien, sont admirablement fraternelles. Elles ont le sens et la pratique de la charité. Il y avait beaucoup de pauvres en ce temps-là, beaucoup de malades. Il y avait des veuves et des orphelins. D'aucuns même ont prétendu qu'il y avait alors plus de misères corporelles qu'aujourd'hui. En tout cas, on les secourait vaillamment. Certains métiers avaient un hôpital qui leur appartenait spécialement; et puis la charité n'était pas administrative : elle avait sa délicatesse et sa poésie. Tous les ans, les orfèvres donnaient un repas aux pauvres de l'Hôtel-Dieu. Dans la même corporation, on donnait aux pauvres et aux veuves du bois pour l'hiver, des aumônes extraordinaires en cas de maladie, des chambres pour se loger quand besoin en était; et chaque corporation avait des habitudes analogues.

Remarquons enfin que le soin des pauvres ne faisait pas oublier Dieu et ses temples. Ce sont les corporations qui ont donné à nos cathédrales leurs incomparables verrières : chaque corporation donnait un vitrail. Tous les ans, le 1er mai, la confrérie des orfèvres offrait à la cathédrale de Paris un grand tableau exécuté par l'un des grands peintres du temps. Lebrun, Lesueur, Jouvenet, Coypel, les plus illustres artistes ont travaillé pour les confréries. La France est ainsi redevable aux corporations d'une riche portion de sa gloire artistique.

IV

Je viens de crayonner devant vous, Messieurs, la physionomie des anciennes corporations. Mais je vous ai promis d'examiner votre passé, de raconter vos origines et votre histoire... J'ai hâte d'y arriver. Voilà trois siècles que vous existez ; vous avez traversé tous les orages de la vie nationale. Vous méritez bien qu'on s'arrête un instant à vous regarder et à vous admirer.

Vos origines d'abord? Il n'est pas de manuel de géographie ni de guide de voyage, où invariablement le nom d'Orléans ne soit suivi de cette phrase pour ainsi dire stéréotypée : « ville renommée par son vinaigre. » A quelle époque remonte cette *piquante* réputation? Jusqu'à que point est-elle méritée? Les annalistes parlent avec éloge des vins d'Orléans, et ils vont même jusqu'à les chanter comme les meilleurs crus de France. Or, du vin au vinaigre, il n'y a pas loin. C'est vers le milieu du XVe siècle qu'il faut faire remonter la fabrication du *vinaigre d'Orléans*. Modeste et localisée dans ses débuts, cette industrie fit d'abord peu parler d'elle. Néanmoins, vers le milieu du XVIe siècle, le commerce l'avait fait assez connaître et apprécier hors de la province pour faire craindre à nos fabricants qu'on ne leur fît une concurrence déloyale. Aussi, suivant l'esprit de cette époque, en matière commerciale et industrielle, ils résolurent de se constituer en *jurande*, et ils adressèrent à cet effet une requête au roi Henri III. Ce prince, en 1580, y acquiesçait, et approuvait par lettres patentes les *Statuts de la communauté des Maîtres vinaigriers d'Orléans*. Ce règlement, dans sa substance, se ramène à deux points principaux : 1° il établissait un privilège en créant un monopole de fabrication et de vente en faveur de nos vinaigriers, et 2° il réglementait la fabrication et il sauvegardait ainsi la probité professionnelle. Voilà vos origines, Messieurs. La *maîtrise jurée* de votre corporation plonge ces racines dans un passé trois fois séculaire. De 1580, date de cette création royale, à 1776, époque néfaste dans l'histoire des corporations, vous alimentez de vos produits tant le royaume que l'étranger. Toute la France est inondée du vinaigre d'Orléans.

La communauté des vinaigriers est une véritable association qui s'administre elle-même et qui est très puissante. Elle a à sa tête un *syndic*, un *adjoint* et quatre *maîtres jurés*, qui exercent une autorité réelle. Ils arrêtent au passage les vinaigres étrangers, et ils en empêchent le versement et le débit pendant toute la durée de l'entrepôt. Ils surveillent la fabrication. Ils sont tenus de faire, chaque année, quatre visites générales, et plus, s'ils le jugent à propos. S'ils rencontrent des marchandises avariées ou des ustensiles défectueux, ils en dressent procès-verbal et défèrent le délinquant aux juges de police, et ils sont eux-mêmes autorisés à saisir les objets ou à les faire briser. Au-dessous du *syndic* et des *jurés* se placent les *maîtres vinaigriers,* et, dans ce temps, n'était pas maître qui voulait. Il fallait généralement deux ans d'apprentissage et *faire un chef-d'œuvre* pour acquérir devant notaire le brevet de maître, qui n'était valable qu'après avoir été enregistré sur le livre de la communauté. Cependant le nombre des maîtres était illimité. Il était de trois cents vers la fin du XVIIIe siècle. A l'abri de toute concurrence, fière de sa renommée et forte de sa richesse, la Corporation des vinaigriers en vint bientôt à briguer les honneurs de la bourgeoisie en se donnant un *blason* (1).

Or, il y avait déjà deux cents ans que vous jouissiez de vos privilèges et de vos honneurs, lorsqu'en avril 1777, sur la proposition de Turgot, son ministre, Louis XVI rendit un

(1) *Armoiries des maîtres vinaigriers d'Orléans :* d'azur à un baril d'or, couché en face et accompagné, en chef, de deux aiscettes d'argent, et, en pointe, d'un entonnoir de même.

édit qui abolissait les corporations. Froissés dans leur dignité et lésés dans leurs intérêts, nos maîtres vinaigriers firent porter jusqu'au pied du trône leurs respectueuses et légitimes doléances. Louis XVI, ému de leurs plaintes, rétablit la *Communauté des marchands vinaigriers;* et, en 1781, vous repreniez votre place au soleil... mais pour dix ans seulement. En 1791, l'Assemblée Constituante détruisait définitivement l'ancienne organisation du commerce et de l'industrie.

Avec les temps modernes, un nouveau régime commence, le régime de la liberté commerciale et industrielle. Est-ce fait des vinaigres d'Orléans? Non. Nos vinaigriers survivent au décès de leur corporation et en continuent scrupuleusement les traditions jusqu'à nos jours. En 1792, Orléans possédait vingt-sept raffineries; la Révolution leur a porté un coup mortel, et l'industrie sucrière a végété. A la même date, il y avait à Orléans trois cents maîtres vinaigriers. Ils ont survécu à la tempête. Nous avons perdu notre sucre, mais nous avons sauvé nos vinaigres.

Et aujourd'hui, comme en 1792, comme en 1580, nos maîtres vinaigriers tiennent, dans la cité, une place respectée. Votre corporation avait autrefois sa confrérie (1). Vos ancêtres l'ont fait revivre au commencement de ce siècle, en 1806, et depuis, Messieurs, chaque année vous êtes fidèles à votre fête patronale (2). Chaque année, vous vous groupez dans cette église; et vous venez abriter sous l'aile de la Religion, vos entreprises, vos labeurs et vos familles. C'est bien, Messieurs. Vous continuez un passé glorieux, et vous montrez par là que vous avez l'intelligence de nos vieilles traditions avec le sentiment des besoins du présent.

(1) Le siége de cette confrérie était dans une des chapelles de l'église des Jacobins.

(2) De 1806 à 1835, à Saint-Donatien ; de 1835 à 1839, à Saint-Pierre-du-Martroi ; de 1839 à nos jours, à Saint-Paterne.

V

Les anciennes corporations sont mortes. Depuis un siècle, elles dorment dans la tombe. Sans doute, elles n'étaient pas parfaites ; elles avaient leurs misères et leurs inconvénients. Laissons à l'oubli, Messieurs, les abus, les erreurs et les fautes du passé, tout ce qui n'est pas noble, tout ce qui n'est pas grand, tout ce qui ne tend pas à la vraie liberté. Ne regrettons ni les privilèges, ni les monopoles de l'ancien régime... Mais, parce que nous confessons les défauts de nos pères, ne contestons pas leurs vertus. Ressuscitons des anciennes corporations ce qui mérite vraiment de vivre... Quoi donc ? Je veux dire l'esprit fraternel et l'esprit chrétien. L'organisation des anciennes corporations, je vous l'abandonne ; je n'y tiens pas absolument ; c'est du relatif, du contingent, du variable. Mais la vie qui animait cet organisme, oh ! non, je ne puis pas en faire mon deuil ; c'est de l'absolu, du nécessaire, de l'immuable. Et quelle est cette vie qui frémissait dans le passé et qui est indispensable dans le présent ? c'est la Fraternité et la Religion : double ferment des anciennes corporations.

Oui, Messieurs, *soyons frères.* — Mille choses ici-bas menacent de nous diviser et de creuser des abîmes entre nous, si nous n'y prenons garde. Il y a surtout la différence des positions sociales et la différence des opinions. Nous n'avons pas tous le même bien-être, ni la même manière de voir, de juger et de sentir. Et alors, si nous sommes jaloux et intolérants, il arrive que la société, au lieu de ressembler à une famille, ressemble à un champ de bataille sur lequel se croisent les antipathies, les haines, les injures... Petits et grands, pauvres et riches, patrons et ouvriers, prêtres et laïques, soyons frères, puisque nous avons la même origine et la même destinée. Et savez-vous ce qu'il y a à faire pour jouir de ce grand bienfait de l'union fraternelle? une chose d'abord... il faut se rapprocher. La première condition pour s'aimer, c'est de se connaître ; et, pour se connaître, il faut se rapprocher. Moi prêtre, je passe dans la rue, et de l'autre côté un homme, qui ne me connaît pas, m'apercevant, me jette un regard dans lequel il y a du dédain, de la défiance et de la haine peut-être. Cet homme est père de famille, je fais le catéchisme à son enfant, je vais le voir et causer avec lui...; ou bien, il tombe malade. Je me présente au seuil de sa demeure, j'entre, j'entame la conversation. Au bout d'un quart d'heure, nous sommes amis, et, en nous séparant, nous échangeons la poignée de main qui symbolise et cimente l'amitié. Comment cela s'est-il fait? comment a-t-elle été renversée, la montagne des préjugés qui nous séparait? comment s'est-elle fondue cette glace de l'indifférence mutuelle? Nous nous sommes vus, nous nous sommes rapprochés, et du rapprochement a jailli la vive étincelle de l'affection réciproque. Messieurs, qu'importent les différences de position sociale ou d'opinion? La même terre a porté notre berceau, et nous reposerons demain dans le même cimetière ; le même Dieu nous a créés, et le même Dieu nous jugera, c'en est assez. Soyons frères, et pour être frères,

Soyons chrétiens. — Il n'y a pas de puissance au monde qui puisse mieux que la Religion nous apprendre la charité fraternelle. Elle n'a pas d'oracle plus retentissant que celui-là : « Aimez-vous les uns les autres. » Sans cesse, elle nous rappelle notre origine commune et notre commune destinée. Sans cesse elle nous convoque dans ses temples, pour nous unir comme les membres d'une seule et même famille. Ah! si vous consentiez, Messieurs, à vivre complètement de la foi de votre baptême, si tous les hommes d'une même société, abjurant les distinctions qui naissent du nom, de la fortune et des opinions personnelles, consentaient seulement à prier le même Dieu, à se réunir au pied des mêmes autels, à entendre, chaque dimanche, le même enseignement catholique, à recevoir les mêmes sacrements ; si nous étions chrétiens, comme nous serions unis, comme nous serions frères, comme nous serions forts ! Oui, Messieurs, venez chaque dimanche retremper vos âmes dans la prière publique, et je réponds du règne de la véritable fraternité. Le peuple tout entier vous suivra. Ayant à sa tête les chefs et les gardiens de la cité, il sentira courir dans ses veines le frisson divin de la foi, et il apprendra à être résigné, honnête, content de son sort. C'est là, dans nos temples, sur ce terrain neutre et sacré, c'est là seulement que peut s'opérer la grande réconciliation entre le riche et le pauvre, entre le patron et l'ouvrier, entre le prêtre et le laïque. Ah ! Messieurs, si vos ancêtres, dont nous allons remuer les cendres, là tout près, sous les dalles de notre vieille église, si vos ancêtres pouvaient se réveiller, je ne sais pas s'ils vous diraient de reconstituer la corporation comme elle était autrefois ; mais je suis bien sûr qu'ils joindraient leurs voix à la mienne pour vous dire : Soyez chrétiens, et le reste vous sera donné comme par surcroît !

C'est mon dernier mot, Messieurs. Je le confie à votre intelligence et à votre bonne volonté ! et je demande à votre Évêque de le sceller dans vos âmes par sa paternelle et puissante bénédiction ! *Amen.*

Orléans. — Imp. PAUL GIRARDOT.

21

www.ingramcontent.com/pod-product-compliance
Ingram Content Group UK Ltd.
Pitfield, Milton Keynes, MK11 3LW, UK
UKHW020145080726
13614UKWH00005B/2420